ひとり小鍋

食べたいものを、
好きな味で、好きなだけ。
自分のための、とびきりおいしい、
土鍋のレシピ。

福森道歩

東京書籍

はじめに

ひとりの夜、さて、なにを食べようかな。あれやこれやと作るのは、
自分のためだけには、なんだか面倒だ。適当なものですませよう。
その適当なものですませる役目、土鍋に任せてみませんか。

土鍋料理は、大勢で鍋を囲んでワイワイと、というイメージが強くありませんか。
しかも、秋も深まり、肌寒くなってきて、
そろそろ鍋料理でもしようかしら……となって、やっと土鍋を引っ張り出してきて、
水炊き、寄せ鍋、湯豆腐と、ありきたりの土鍋料理を作る。
そうこうしているうちに、冬も終わり、春の訪れとともに、土鍋は収納の奥へ……。

ちょっと待った！
土鍋は年中使える、いにしえより伝わりし、優秀な調理道具なのであります。
その土鍋を、秋冬の数回で終わらせては、それはとてももったいないこと。
それに、土鍋は器にだってなれる、ただの調理道具では収まらない、
有能さをも兼ね備えているのであります。
土鍋がこんなにもいろいろなことができるのかと、
やってみようと思っていただけたら、
土鍋の作り手といたしましては、これほどうれしいことはありません。

ひとりの夜を、この上なく楽しく、おいしくしてくれる。
そんな料理をたくさんご紹介いたします。

ひとり鍋って寂しい。って、なぜ？
ひとりですよ、自分の食事を自分だけで好きなように食べられる。
最高ではありませんか！
そして、あれやこれやと季節のおいしい食材を入れて、火にかければ、
いとも簡単に、自分の好きな味で、好きなだけ食べられるんですもの。
誰があの肉を取るの？　あれ、私の狙っていたえびが持っていかれた、などと、
人に気を使って食べる必要もなし。
うるさい鍋奉行ともおさらばの、最高土鍋ライフがあなたを待っています。
いざ、毎夜の食事が楽しくなる土鍋料理の世界へ。

　　　　　　　　　　　　　　　　　　　　　　　　　　　　福森道歩

目次

はじめに 2
土鍋にできることは…… 8
土鍋と上手につき合うには…… 10
この本で使うだし汁のこと 11
この本で使った土鍋 110

ご飯とみそ汁

白米を炊く 12

ご飯に混ぜる 14
梅干しとおかかのご飯 14
みょうがとごまのご飯 14
じゃこと青じそのご飯 14

ご飯に炊き込む 16
たことしょうがのご飯 16
アスパラガスのご飯 16

お粥を炊く 18
白粥 18
茶粥 19

みそ汁を作る 20
とろろのみそ汁 20
丸ごとトマトのみそ汁 21
酒粕みそ汁 22

野菜が食べたい

蒸しゆで 24
ブロッコリーの蒸しゆで 24
アスパラガスの蒸しゆで 24
かぶの蒸しゆで 24

オイル蒸し 26
しいたけのオイル蒸し 26
玉ねぎのオイル蒸し 26
カリフラワーのオイル蒸し 26

炒める 28
もやし炒め 28
スナップえんどう炒め 28
青梗菜炒め 28
にんじん炒め 28

2 素材で作る小鍋

豚バラ肉と白菜漬けの鍋　38
豚薄切り肉とトマトの鍋　40
牛薄切り肉とクレソンの鍋　41
鶏骨つき肉と白菜の鍋　42
鶏手羽中と三つ葉の鍋　43
鶏団子と大根の鍋　44
豚団子と長ねぎのカレー鍋　45
鮭としめじの豆乳みそ鍋　46
えびと豆苗のエスニック鍋　47
ぶりとかぶのみぞれ鍋　48
鯛とわかめの鍋　49
はまぐりと豆腐の鍋　50
かきとキャベツの梅風味鍋　51
豆腐と春菊の鍋　52
豆腐と白菜キムチの鍋　53
厚揚げと青梗菜のピリ辛とろみ鍋　54
油揚げと水菜の鍋　55

ゆでて粉吹き　30
粉ふきじゃがいものサラダ　30
粉ふきさつまいものサラダ　31
粉ふきかぼちゃのサラダ　31

直火焼き　32
万願寺とピーマンの直火焼き　32
とうもろこしの直火焼き　32
そら豆の直火焼き　32

揚げ焼き　34
長芋の揚げ焼き　34
れんこんの揚げ焼き　34
さやいんげんの揚げ焼き　34
新じゃがの揚げ焼き　34

チーズ焼き　36
ミニトマトのチーズ焼き　36
なすのチーズ焼き　37

食べきりご馳走おかず

焼く
牛肉のステーキ　56
山のすき焼き　58
ひとり占め焼き肉　60
豚肉のしょうが焼き　62
鶏肉の照り焼き　64

蒸し煮
重ねキャベツバーグ　66

蒸し焼き
ベーコンとレタスの重ね焼き　68

炒める
回鍋肉(ホイコーロー)　70

煮る
肉豆腐　72
麻婆アボカド　74

煮込む
我が家のビーフカレー　76
あさりと豚肉のポルトガル風煮込み　78
スペアリブと大根のみそ煮込み　80
ミニハンバーグの煮込み　82
魚介のクリームシチュー　84

ちょいつまみも土鍋で作る

えのきのチリチリ　86
焼き枝豆　86
とろろ焼き　86
豚キムチ　88
長ねぎベーコン　88
砂肝セロリ　88
いかの白ワイン蒸し煮　90
ちくわチーズ　90
七味たこ　90

温め直しておいしく食べる

冷やご飯を温める　108

温め直したご飯で
　そのまま、土鍋オムライス　108

パンを温めて焼く　109

温め直したパンで
　そのまま、チーズトースト　109

土鍋で食べる満腹ごはん

土鍋焼きめし　92

水菜とじゃこのスパゲッティ　94

えびマカロニグラタン　96

鍋焼きうどん　98

カレーうどん　99

あんかけうどん　100

ふんわり卵とじうどん　101

梅とわかめのにゅうめん　102

あさりラーメン　103

餅の土鍋焼き　104

フレンチトースト　105

抹茶蒸しパン　106

◎計量単位は、1カップ=200㎖、
　大さじ1=15㎖、小さじ1=5㎖です。
◎オーブン、オーブントースターの焼き時間、
　電子レンジの加熱時間は、
　機種によって多少差があるので、
　様子を見ながら加減してください。
◎塩は自然塩を使います。
◎オリーブオイルは
　エキストラバージンオリーブオイルを使います。

土鍋にできることは……

1 煮たり、煮込んだり

鍋ものはもちろんのこと、みそ汁やさっと煮なども朝飯前。また、土鍋は熱の伝わり方が穏やかなので、じっくり火を通したい煮込み料理にも向いています。この本ではカレーやシチューも紹介しています。

2 蒸したり、ゆでたり

野菜の水分を生かした蒸し焼きや蒸しゆでのほか、ワイン蒸し、オイル蒸し、さらに、蒸し板を使えば、野菜を蒸したり蒸しパンも作れます。ほかの鍋と同様、たっぷりの湯を沸かして卵やマカロニをゆでることも。

3 焼いたり、炒めたり

この本で紹介する土鍋は油OK。土鍋に油を入れて弱めの中火でゆっくりと温め、肉を焼いたり野菜を炒めることが可能。土鍋は深さがあるので混ぜやすく、材料が散らからずにすみます。多めの油で揚げ焼きもできます。

4. ご飯を炊いたり、温め直したり

土鍋で炊くご飯は香りがよくてもっちり感があり、冷めてもおいしいのが特徴。炊き込みご飯やお粥も上手に炊けます。また、冷やご飯やパンを温め直したり、蒸し板を使って市販の焼売や饅頭の温め直しにも。

5. 直火焼き、オーブン焼き

じっくり温めた土鍋に水も油も入れずに野菜や餅を直に入れて焼く、これが直火焼き。遠赤外線効果で、表面はカリッと香ばしく、中はふっくらジューシーに仕上がります。また、オーブンにも入れられるので、チーズ焼きやグラタンが作れます。

6. 器としてそのまま食卓へ

土鍋は保温性が高いので、一度温まったら冷めにくく、食卓に運んでからも温かさを保ちながらおいしく食べられるのが魅力。形、色合い、デザインなどもいろいろなので、器を楽しむのと同じように鍋そのものを楽しむことができます。この本でも土楽のさまざまな小鍋を使って料理しています。

土鍋と上手につき合うには……

1 初めて使う前にすること

土鍋を買ってきて使いはじめる前に、まずはお粥を炊きます。土鍋には貫入(かんにゅう)(釉薬に入る細かいひび)や気泡などが全体に入っているので、これを米のでんぷんで埋めて水漏れを防ぐため。お粥を炊いたら、丸1日そのままおき、お粥を捨てて土鍋をきれいに洗い、水気を拭いて裏返して乾燥させます。

お粥の炊き方

1 ● 土鍋に米大さじ1を入れ、土鍋の8〜9分目くらいまで水を加えて弱火にかける。
2 ● 5分ほどしたら中火にし、沸騰したら再び弱火にし、しゃもじでときどき混ぜながらコトコトと1時間ほど炊く。
3 ● 透明な米が白く炊けてとろりとしたら、火を止めてそのまま丸1日おく。

2 基本の火加減を覚えておく

土鍋はゆっくりと熱を行き渡らせながら調理する道具。土鍋が冷えた状態でいきなり強火にかけると割れる原因になったり、材料に上手に火が通らないこともあります。逆に、いったん土鍋が温かくなると、その温度はキープされ、冷めにくいのが特徴。火加減がおいしさを左右します。

基本の火加減

1 ● 使い始め10回程度は弱火、使い慣れてきたら弱めの中火にかけ、土鍋を徐々に温める。
2 ● 材料を一気に入れると温度が下がるので、その場合は強火にする。
3 ● 材料が温まってきたら、弱めの中火にし、じわじわと全体に火を通す。

3 知っておきたいこと

ひびが入っても大丈夫

土鍋は使ううちに自然とひびが入ってきます。土鍋の素地（釉薬をかけない状態の材質）には小さい穴がたくさんあいていますが、この穴が熱を加えることによって膨張し、冷めることによって収縮するので、それがひびになっているだけ。だから、写真のようにひびが入っていても大丈夫。使えば使うほど丈夫になっていく証しのようなものです。

焦がしたとき

うっかり焦がしてしまったら、土鍋に水を入れ、レモンを切って加えて弱めの中火にかけ、沸騰して数分したら湯とレモンを捨てて洗います。それでも取れないときは、かためのスポンジ、スプーンの先などを使ってこすり落とします。レモンの代わりに重曹小さじ1を入れて煮ても。

カビがついたとき

長く使っていなかった土鍋を戸棚の奥から取り出してみたら、写真のようにカビがついていた……というときは、まずは洗ってカビを落として拭き、水かぬるま湯を入れて弱めの中火にかけ、熱湯の状態で10分ほど火にかけ、熱湯消毒します。水気を拭いて裏返して乾燥させます。

この本で使うだし汁（水出し）のこと

鍋ものやみそ汁がいつでもすぐに作れるように、だし汁を常備しておくと便利。この本では和風の料理だけでなく、中華風も洋風の料理にも活用しています。

常備しているのは2つあり、昆布かつおだし、昆布だし。うまみが欲しいときは前者、動物性のニュアンスを入れたくないときは後者、本書では、材料表の中で特にことわりのないものは、どちらを使ってもOK。

昆布かつおだし（左）
削り節適量をお茶パックに入れ、10cm長さに切っただし昆布1枚、水2ℓとともに容器に入れ、冷蔵庫で一晩おく。冷蔵保存し、3～4日で使いきる。

昆布だし（右）
10cm長さに切っただし昆布1枚を水2ℓとともに容器に入れ、冷蔵庫で一晩おく。冷蔵保存し、3～4日で使いきる。

ご飯とみそ汁

土鍋で炊くご飯は、香りがよく、一粒一粒が立っているようにツヤツヤ。
小鍋なら、米1合を短時間で炊けるのが魅力です。
みそ汁も小鍋で作るとおいしそう。土鍋は冷めにくいので、
そのままテーブルに持っていっても、最後までアツアツが味わえます。

炊きたてのご飯を、塩をつけた手でふわっとむすんで、三角おむすびに。上手に炊けたご飯は冷めてもおいしい。

白米を炊く

炊きたてはもちろん、冷めてもおいしいのが土鍋ご飯。
やわらかすぎず、かたすぎず、蒸らし終わるとふっくらで、ご飯の甘さをより感じます。

材料 ● 1合分
米　1合

1 ＞ 米は洗って土鍋に入れ、水1.1合(約200mℓ)を加え、30分ほど浸水させる(写真a)。
2 ＞ 1にふたをして、皿3～4枚をのせて重しをし(写真b)、弱火に5分ほどかける(写真c)。
3 ＞ 土鍋が温まってきたら強火にし(写真d)、ブクブクと吹いてくるまで炊く。
4 ＞ しっかりと沸騰したら、ごく弱火にし(写真e)、13分ほど炊く。
5 ＞ 火を止めて5分ほど蒸らす。

a

b

c

d

e

ご飯に混ぜる

土鍋で炊いたアツアツご飯に、
冷蔵庫にあるちょっとしたものを混ぜるだけで、
白飯とはまた違ったおいしさに！
1合分のご飯だから、とにかく気軽。

削り節をレンジで加熱すると
パリッとして風味が立つ

梅干しとおかかのご飯

材料 ● 1合分
梅干し　大1個
削り節　10g
炊きたてご飯　1合分

1 > 梅干しは種を除いてたたく。削り節は耐熱容器に入れ、ラップなしで電子レンジ（600W）で約1分加熱し、パラパラにする。
2 > ご飯に、1を加えて混ぜる。

ごまは香ばしい炒りごまがおすすめ。
白でも黒でもお好みで

みょうがとごまのご飯

材料 ● 1合分
みょうが3個
白炒りごま　大さじ1
塩　小さじ1/2
炊きたてご飯　1合分

1 > みょうがは小口切りにして水にさらし、水気をしっかりと拭く。
2 > ご飯に、1、ごま、塩を加えて混ぜる。

じゃこのうまみと青じその香りで、
飽きないおいしさ

じゃこと青じそのご飯

材料 ● 1合分
ちりめんじゃこ　大さじ3
青じそ　5～6枚
塩　少々
炊きたてご飯　1合分

1 > 青じそは四角く刻む。
2 > ご飯に、ちりめんじゃこ、塩、1を加えて混ぜる。

ご飯に炊き込む

日本のご飯は、組み合わせる素材を
選ばないのがすごいところ。
なにを炊き込むかでご飯の味が変わるのが楽しい。
季節感が味わえるのがうれしい。

この組み合わせが絶妙。おかわり間違いなし
たことしょうがのご飯

材料 ● 1合分
米　1合
ゆでだこの足　80g
しょうが　1かけ
酒　大さじ1
塩　小さじ½
しょうゆ　少々

1 > 米は洗って土鍋に入れ、水1.1合（約200㎖）を加え、30分ほど浸水させる。
2 > たこは薄切りにし、しょうがはせん切りにする。
3 > 1に酒、塩、しょうゆを加えて混ぜ、2をのせ（写真a）、ふたをして皿3～4枚をのせて重しをし、弱火に5分ほどかける。土鍋が温まってきたら強火にし、ブクブクと吹いてくるまで炊く。
4 > 沸騰してふたの間から湯気がこぼれてきたら（写真b）、ごく弱火にして13分ほど炊く。
5 > 最後に強火にして10秒数え、火を止めて5分ほど蒸らす。さっくりと混ぜ合わせる。

a

b

アスパラガスの香りとバターの風味が鼻をくすぐります
アスパラガスのご飯

材料 ● 1合分
米　1合
アスパラガス　2本
酒　大さじ1
塩　小さじ½
バター　大さじ1

1 > 米は洗って土鍋に入れ、水1.1合（約200㎖）を加え、30分ほど浸水させる。
2 > アスパラガスは根元に近い部分の皮をピーラーでむき、1cm幅の小口切りにする。
3 > 1に酒、塩を加えて混ぜ、2をのせ（写真a）、ふたをして皿3～4枚をのせて重しをし、弱火に5分ほどかける。土鍋が温まってきたら強火にし、ブクブクと吹いてくるまで炊く。
4 > 沸騰してふたの間から湯気がこぼれてきたらごく弱火にし、13分ほど炊く。
5 > 最後に強火にして10秒数え、火を止めて5分ほど蒸らす（写真b）。さっくりと混ぜ合わせ、バターをのせる（写真c）。好みで粗びき黒こしょう少々（分量外）をふる。

a

b

c

お粥を炊く

最もシンプルで、
米のおいしさが味わえます

白粥

材料 ● 1人分
米　大さじ4 (0.3合)

1 > 米は洗い、土鍋に入れ、水500mlを注ぎ入れてふたをし、弱めの中火にかける。
2 > 沸騰したら弱火にし、ときどき混ぜながら13分ほど炊く。好みのかたさに仕上げても。

米からコトコト炊いたお粥はしみじみおいしく、体にも心にもやさしい。
米大さじ4で、茶碗3〜4杯分のお粥ができます。

番茶を加えて仕上げたお粥。ほうじ茶でも OK

茶粥

材料 ● 1人分
米　大さじ 4 (0.3合)
番茶　10g
梅干し　1個

1 > 番茶はお茶パックに入れておく（写真 a）。
2 > 米は洗い、土鍋に入れ、水 3 カップを注ぎ入れてふたをし、弱めの中火にかける。ときどき、かき混ぜる。
3 > 沸騰したら弱火にして 1 を加え（写真 b）、ときどき混ぜながら 8 〜 10 分、好みのかたさに炊く。梅干しを添える。

a

b

みそ汁を作る

土鍋は調理道具でもあると同時に器でもある。だから、みそ汁もそのまま食卓へ。ここでは、すぐに作れる食べきりレシピ、温め直しOKの具だくさんレシピを紹介。

山芋をすりおろして入れると、
ふっくらモチモチ

とろろのみそ汁

材料 ● 2杯分

山芋（大和芋） 10cm
塩 少々
だし汁（昆布かつおだし。p.11参照） 2カップ
みそ 大さじ2
青ねぎの小口切り 適量

1 > 山芋は皮をむいてすりおろし、塩を加えて混ぜる。
2 > 土鍋にだし汁を入れて弱めの中火にかけ、徐々に火を強め、沸騰直前にみそを溶き入れる。
3 > 2に1を適量ずつ加え（写真）、一煮して火を止め、青ねぎをふる。

皮を湯むきしたトマトは
口当たりがよく、みそ汁にもぴったり

丸ごとトマトのみそ汁

材料 ● 2杯分

トマト 小2個
だし汁（p.11参照） 2カップ
みそ 大さじ2

1 > トマトはヘタの部分をくり抜き、ヘタと反対側に十字の切り込みを入れる。
2 > 土鍋にだし汁を入れて弱めの中火にかけ、1を入れ、皮がめくれてきたらいったん取り出し（写真）、皮をむく。
3 > 2のだし汁にみそを溶き入れ、トマトを戻し入れ、一煮して火を止める。

土鍋で作るとゆっくり火が通るから、
野菜のうまみが出ます

酒粕みそ汁

材料 ● 3〜4杯分
豚バラ薄切り肉　50g
こんにゃく　30g
大根　4〜5cm
にんじん　4〜5cm
しょうが　1かけ
酒粕　30g
だし汁(p.11参照)　3カップ
みそ　大さじ1
黒七味　適量

1 > 豚肉は細切りにする。大根はマッチ棒状に切り、にんじんは大根より細めに切る。しょうがはせん切りにする。こんにゃくは大根と同じくらいの大きさに切る。
2 > 酒粕は水50mlで溶いておく。
3 > 土鍋にだし汁、大根、にんじん、しょうがを入れて弱めの中火にかけ、沸騰したらこんにゃくを加え(写真a)、野菜とこんにゃくに火を通す。
4 > みそを溶き入れ、2を加えて混ぜ(写真b)、豚肉を入れ(写真c)、豚肉に火が通るまで煮る。黒七味を添える。

a

b

c

自分で作るとたっぷり食べられて確実においしい、それが野菜料理。
といっても、手の込んだ料理をする必要はなし。
小鍋でただ蒸して、ゆでて、焼いて……とシンプルに調理するだけで十分。
これなら自分のために作れそうです。

野菜が食べたい

蒸しゆで

ほんの少しの酒と水で蒸しゆでに。
塩、マヨネーズ、みそマヨネーズ、ドレッシング、
ごまだれなど、好みの味でいただきます。

少ない水分で火を通すと、緑色が鮮やか
ブロッコリーの蒸しゆで

材料 ● 1人分
ブロッコリー　小¼個
酒　小さじ1

1 > ブロッコリーは小房に分ける。
2 > 土鍋にブロッコリーを入れ、酒、水大さじ1をふってふたをし、弱めの中火で蒸しゆでにする。
3 > 湯気が出てきたら火を止めて、2～3分そのままおく。

葉つきのものは全部切り落とさずに一緒に調理
かぶの蒸しゆで

材料 ● 1人分
かぶ　小2個
酒　小さじ1

1 > かぶは葉先は切り落とし、縦半分に切る。
2 > 土鍋にかぶを入れ、酒、水大さじ1をふってふたをし、弱めの中火で蒸しゆでにする。
3 > 湯気が出てきたら火を止めて、2～3分そのままおく。

ゆでるより香りも味も歯ごたえもいい
アスパラガスの蒸しゆで

材料 ● 1人分
アスパラガス　3本
酒　小さじ1

1 > アスパラガスは根元に近い部分の皮をピーラーでむき、半分に切る。
2 > 土鍋にアスパラガスを入れ、酒、水大さじ1をふってふたをし、弱めの中火で蒸しゆでにする。
3 > 湯気が出てきたら火を止めて、2～3分そのままおく。

オイル蒸し

オリーブオイルや太白ごま油と組み合わせることで
コクが出て、野菜のうまみがぐっと増すのが魅力。
1つまみの塩もポイントです。

オリーブオイルの代わりに
バターを使っても
しいたけのオイル蒸し

材料 ● 1人分
しいたけ　2個
オリーブオイル　大さじ2
塩　1つまみ
パセリのみじん切り　適量

1 > しいたけは石づきを取って土鍋に入れ、オリーブオイルを回しかけ、塩をふり、ふたをして弱めの中火にかける。
2 > 湯気が出たら弱火で5分ほど蒸す。途中、しいたけをひっくり返す。
3 > 仕上げにパセリのみじん切りをふる。

オリーブオイルと玉ねぎの
相性は抜群！
玉ねぎのオイル蒸し

材料 ● 1人分
玉ねぎ　小1個
オリーブオイル　大さじ2
塩　1つまみ
粗びき黒こしょう　適量

1 > 玉ねぎは4つ割りにして土鍋に入れ、オリーブオイルを回しかけ(写真a)、塩をふり(写真b)、ふたをして弱めの中火にかける。
2 > 湯気が出たら弱火で7分ほど蒸す。途中、玉ねぎをひっくり返す(写真c)。
3 > 仕上げにこしょうをふる。

a

b

c

カリッとした食感が残る程度に
仕上げます
カリフラワーの
オイル蒸し

材料 ● 1人分
カリフラワー　小1/4個
太白ごま油　大さじ2
塩　1つまみ
花椒(ホワジャオ)　適量

1 > カリフラワーは小房に分けて土鍋に入れ、太白ごま油を回しかけ、塩をふり、ふたをして弱めの中火にかける。
2 > 湯気が出たら弱火で5分ほど蒸す。途中、カリフラワーをひっくり返す。
3 > 火を止めてそのまま3分ほどおく。仕上げに花椒をふる。

炒める

土鍋は熱のまわり方がゆっくり。
だから、にんにくやしょうがも焦げることなく、炒め油に香りが移り、おいしい野菜炒めに仕上がります。

ラー油で炒めてピリ辛仕上げ。
シャキシャキ感を楽しみます

もやし炒め

材料 ● 1人分
もやし　小1袋
ラー油、酢
　各大さじ1
塩　少々

1> もやしはできるだけひげ根を取る。
2> 土鍋にラー油を入れてもやしを加え（写真）、弱めの中火にかけ、もやしをラー油にからめるようにして炒める。
3> 酢と塩を加えてさっと炒める。

にんにくをよく炒めてから
野菜を入れるのがポイント

青梗菜炒め

材料 ● 1人分
青梗菜　2株
にんにくのみじん切り
　1かけ分
ごま油　大さじ1
塩　適量

1> 青梗菜は食べやすい大きさに切り、葉と芯の部分に分ける。
2> 土鍋ににんにくとごま油を入れ（写真）、弱めの中火にかけ、香りが出るまで炒める。
3> 青梗菜の芯、葉の順に加えて炒め合わせ、塩で味を調える。

しょうがの香りがアクセント。
みじん切りや薄切りでもOK

スナップえんどう炒め

材料 ● 1人分
スナップえんどう
　10～12本
しょうがのせん切り
　1かけ分
太白ごま油　大さじ1
塩、しょうゆ　各少々

1> スナップえんどうは筋を取る。
2> 土鍋にしょうがと太白ごま油を入れて弱めの中火にかけ、香りが出るまで炒める。
3> スナップえんどうを加え（写真）、塩、しょうゆをふってさっと炒める。

バターがからんだにんじんが美味。
肉料理のつけ合わせにも

にんじん炒め

材料 ● 1人分
にんじん　小1本
バター　大さじ1
白ワイン　大さじ1
塩、粗びき黒こしょう
　各適量

1> にんじんは皮つきのままよく洗い、太めのせん切りにする。
2> 土鍋にバターを入れて弱めの中火にかけ、バターが溶けたらにんじんを加え（写真）、炒める。
3> 白ワインをふってさらに炒め、塩、こしょうで味を調える。

ゆでて粉吹き

土鍋で粉ふきいもを作るとホクホクッ。
水がなくなって乾いてきた音がしたら、でき上がり。
土鍋の中で味つけをして仕上げ、そのままテーブルへ。

バター＆生クリーム仕上げ。
もちろんマヨネーズでも

粉ふきじゃがいものサラダ

材料 ● 1人分
じゃがいも　大1個
塩　少々
バター、生クリーム　各大さじ1
パセリのみじん切り　少々

1▸ じゃがいもは皮をむいて一口大に切り、さっと洗って土鍋に入れ、じゃがいもの半分程度が浸る高さまで水を加える（写真a）。ふたをして弱めの中火にかけ、水がなくなって乾いてきた音がしたら火を止める。
2▸ 塩をふり、土鍋ごと揺すって水分を飛ばし（写真b）、粉ふきにする（写真c）。
3▸ 熱いうちにバターを加えてからめ（写真d）、生クリームを加えて混ぜる。仕上げにパセリをふる。

マヨネーズとヨーグルトで、
コクがあるのにさっぱり！

粉ふきさつまいもの
サラダ

材料 ● 1人分
さつまいも　小1本
マヨネーズ、プレーンヨーグルト
　各大さじ2

1 ▶ さつまいもは皮つきのまま洗って1cm厚さに切り、さっと洗って土鍋に入れ、さつまいもの半分程度が浸る高さまで水を加える。ふたをして弱めの中火にかけ、水がなくなって乾いてきた音がしたら火を止める。
2 ▶ 土鍋ごと揺すって水分を飛ばし、粉ふきにする。
3 ▶ マヨネーズとヨーグルトを加えて混ぜる。

サワークリームと牛乳が、
甘いかぼちゃにぴったり

粉ふきかぼちゃのサラダ

材料 ● 1人分
かぼちゃ（種とワタを取ったもの）　150g
サワークリーム、牛乳　各大さじ1

1 ▶ かぼちゃは皮つきのまま一口大に切り、土鍋に入れ、かぼちゃの半分程度が浸る高さまで水を加える。ふたをして弱めの中火にかけ、水がなくなって乾いてきた音がしたら火を止める。
2 ▶ 土鍋ごと揺すって水分を飛ばし、粉ふきにする（写真）。
3 ▶ サワークリームと牛乳を加え、かぼちゃを粗くほぐしながら混ぜる。

直火焼き

水も油も加えないで、ただ土鍋に野菜を入れてふたをし、野菜の持つ水分だけで焼きます。
土鍋のふたに蒸気穴がある場合は、
キッチンペーパーやティッシュなどでふさいで使います。

薄皮を2〜3枚
つけたままで焼くのがポイント
とうもろこしの直火焼き

材料 ● 1人分
とうもろこし　1/3〜1/2本

1 > 土鍋にとうもろこしを入れ、ふたをして弱めの中火にかける。5分したら、とうもろこしをひっくり返し、再びふたをして5分ほど焼く。
2 > さらに、とうもろこしの焼けていないところを下にし、ふたをして5分ほど焼き、ひっくり返してさらに5分ほど焼き、全体に火を通す。薄皮を取って食べる。

緑が鮮やか。
ししとうを加えてもOK
万願寺とピーマンの直火焼き

材料 ● 1人分
万願寺とうがらし　1〜2本
ピーマン　1個

1 > 万願寺とうがらし、ピーマンは、種を取って食べやすい大きさに切る。
2 > 土鍋に1を入れ、ふたをして弱めの中火にかけ、5〜6分焼く。途中、ピーマンをひっくり返す。レモン、塩＋オリーブオイル、みそマヨネーズ（各分量外）など好みで添える。

香ばしくって豆の歯ごたえがあって、
ゆでたものとは違うおいしさ
そら豆の直火焼き

材料 ● 1人分
そら豆（さやから取ったもの）　15〜16粒

1 > そら豆はざっと洗い、黒いツメの部分に少し切り目を入れる。
2 > 土鍋に1を入れ（写真a）、ふたをして弱めの中火にかけ、6〜7分焼く（写真b）。途中、そら豆をひっくり返す。レモン、塩＋オリーブオイル、みそマヨネーズ（各分量外）など好みで添える。

a　　b

揚げ焼き

少ない油で揚げ焼きすると、
表面はカリッと香ばしく、中はホクッとアツアツ。
1人分なら土鍋で手軽に揚げものが作れます。

たたいて混ぜて落とし焼き。
アツアツでも冷めてもおいしい
長芋の揚げ焼き

材料 ● 1人分
長芋　150g
塩、しょうゆ　各少々
小麦粉　小さじ1
太白ごま油　大さじ3
粗びき黒こしょう
　少々

1 > 長芋は皮をむいて細かくたたき、ボウルに入れ、塩としょうゆをふり、小麦粉を加えて混ぜる。
2 > 土鍋に太白ごま油を入れて弱めの中火にかけ、1をスプーンなどですくって落とし入れる（写真）。カリッときつね色になるまで揚げ焼きする。
3 > 土鍋に油が残っている場合は適宜拭き取り、こしょうをふる。

にんにくと一緒に
ゆっくり揚げるとおいしい
さやいんげんの揚げ焼き

材料 ● 1人分
さやいんげん　½袋
にんにくのみじん切り
　1かけ分
ごま油　大さじ3

1 > 土鍋ににんにくとごま油を入れて弱めの中火にかける。
2 > にんにくがシュワシュワと泡立つようになったら、さやいんげんを入れる（写真）。
3 > さっと火が通るまで揚げ焼きする。

棒状に切って揚げ焼きするとモチッ。
クセになるおいしさです
れんこんの揚げ焼き

材料 ● 1人分
れんこん　50g
片栗粉　適量
太白ごま油　大さじ3
青のり　少々

1 > れんこんは皮つきのまま洗い、棒状に切る。
2 > 土鍋に太白ごま油を入れて弱めの中火にかけ、れんこんに片栗粉をまぶして入れる（写真）。おいしそうな色がつくまで揚げ焼きする。
3 > 土鍋に油が残っている場合は適宜拭き取り、青のりをふる。

冷たい油に入れて、
それから火にかけるのがポイント
新じゃがの揚げ焼き

材料 ● 1人分
新じゃが　小3個
オリーブオイル
　大さじ3
塩、カレー粉　各少々

1 > 新じゃがは洗い、皮つきのまま薄めのくし形に切る。
2 > 土鍋にオリーブオイルを入れ、新じゃがを加え（写真）、弱めの中火にかける。おいしそうな色がつき、竹串を刺してみて中までスーッと通るまで揚げ焼きする。
3 > 土鍋に油が残っている場合は適宜拭き取り、塩とカレー粉をまぶす。

材料はいたってシンプル。
思い立ったらすぐに作れます
ミニトマトのチーズ焼き

材料 ● 1人分
ミニトマト　小1パック
オリーブオイル　小さじ1
モッツァレラチーズ　1個

1 ▶ ミニトマトはヘタを取る。
2 ▶ 土鍋にオリーブオイルを入れてミニトマトを加え（写真a）、モッツァレラチーズを手でちぎって散らす（写真b）。
3 ▶ オーブントースターでチーズが溶けて少し焼き色がつくまで焼く。

a　　　　　b

チーズ焼き

野菜とチーズを組み合わせて、オーブントースターで焼き上げます。
土鍋は耐熱性が高いから、グラタン皿代わり。冷めにくいのも魅力です。

なす、トマトソース、
パルメザンチーズの鉄板トリオ
なすのチーズ焼き

材料 ● 1人分
なす　2個
オリーブオイル　大さじ1
トマトソース(市販)　大さじ3
パルメザンチーズ(かたまり)　適量

1 > なすはヘタを取って縞目に皮をむき、1cm厚さの半月切りにする。
2 > 土鍋にオリーブオイルとなすを入れて弱めの中火でざっと炒め、火を止める。トマトソースをかけ(写真a)、チーズをすりおろしてのせる(写真b)。
3 > オーブントースターでチーズが溶けて少し焼き色がつくまで焼く。

a

b

2 素材で作る小鍋

簡単にすませたい夕食や、ひとり呑みの相方にぴったりの、
具が2つのシンプル鍋。栄養面を考えて、
肉や魚介、大豆製品などのたんぱく質1と、野菜1が基本。
味の出る素材と味を吸う素材を組み合わせるのがポイントです。

中華風にするなら、
白菜漬けは古漬けがおすすめ

豚バラ肉と白菜漬けの鍋

材料 ● 1人分
豚バラ薄切り肉　100g
白菜漬け　150g
しょうが　1かけ
太白ごま油　大さじ1
塩　適量
だし汁(p.11参照)　2カップ
花椒(ホワジャオ)　少々

1 > 豚肉と白菜漬けは食べやすい大きさに切り、白菜は汁気をざっと絞る。しょうがは薄切りにし、さらに太めの細切りにする。
2 > 土鍋に太白ごま油、しょうがを入れて弱めの中火にかけ、しょうがを炒めて香りを立たせる(写真a)。
3 > 豚肉を加え(写真b)、塩少々をふってほぐしながら炒める。
4 > 豚肉の色が変わったら白菜漬けを加え(写真c)、だし汁を注ぎ入れ(写真d)、ふたをして煮る。塩少々で味を調え、花椒を散らす。

a  b
c  d

加熱したトマトは甘くって美味。
塩、こしょうでシンプルに

豚薄切り肉とトマトの鍋

材料 ● 1人分
豚バラ薄切り肉　100g
トマト　2個
だし汁(p.11参照)　2カップ
塩、こしょう　各適量

1 > 豚肉は食べやすい大きさに切る。トマトはヘタを取ってくし形に切る。
2 > 土鍋にだし汁を入れ、弱めの中火にかけて温める。豚肉を1枚ずつ入れて火が通るまで煮、トマトを加えて一煮する。
3 > 塩、こしょうで味を調える。

煮汁が残ったら、ご飯を入れて少し煮て、トマト味の雑炊に。

シャキシャキのクレソンをたっぷり入れるのがおすすめ

牛薄切り肉とクレソンの鍋

材料 ● 1人分
牛薄切り肉　200g
クレソン　2束
だし汁(p.11参照)　2カップ
酒　大さじ1
みりん　大さじ2
塩　小さじ¼
しょうゆ　大さじ1

1 ＞ 牛肉は食べやすい大きさに切る。クレソンはかたい茎の部分は除き、葉を摘む。
2 ＞ 土鍋にだし汁を入れ、弱めの中火にかけて温める。酒、みりん、塩、しょうゆの順に入れて味を調え、牛肉を1枚ずつ入れて火が通るまで煮る。
3 ＞ クレソンを加えて一煮する。好みでこしょう(分量外)をふる。

だし汁＋骨つき肉で、コクのあるおいしいスープに
鶏骨つき肉と白菜の鍋

材料 ● 1人分
鶏骨つきもも肉
　（ぶつ切りにしたもの）　1本分
白菜　1/8個
だし汁(p.11参照)　2カップ
しょうがの絞り汁　小さじ1
酒　大さじ2
しょうゆ　小さじ1/2
塩　小さじ1/4
実山椒または粉山椒　適量

1 ▶ 白菜は鍋の深さに合わせてざく切りにし、芯と葉の部分に分ける。
2 ▶ 土鍋にだし汁、鶏肉を入れて弱めの中火にかけ、ふたをして沸騰するまで煮る。
3 ▶ しょうがの絞り汁、酒、しょうゆ、塩で味をつけ、白菜の芯、葉の順に加え、再びふたをして鶏肉と白菜に火が通るまで煮る。実山椒をふる。

鶏骨つき肉はぶつ切りになったものを買い求め、だし汁で煮ておいしいスープを取る。

手羽中を焼きつけてから煮るとうまみ倍増。この一手間が大切
鶏手羽中と三つ葉の鍋

材料 ● 1人分
鶏手羽中　10本
三つ葉　1パック
太白ごま油　大さじ1
だし汁(p.11参照)　2カップ
酒　大さじ3
しょうゆ　小さじ1
塩　適量

1 > 三つ葉はざく切りにする。
2 > 土鍋に太白ごま油を入れて弱めの中火にかけ、土鍋がしっかり温まったら手羽中を皮目を下にして並べ入れ、塩少々をふってふたをし、焼きつける。
3 > 2にだし汁を注ぎ入れ、酒、しょうゆ、塩小さじ¼を加えて味を調える。煮立ってきたら三つ葉を加えて一煮する。

手羽中は土鍋に押しつけるようにして焼きつけて、うまみを出す。

ひき肉は適量ずつ丸めて落としていくだけ
鶏団子と大根の鍋

材料 ● 1人分
鶏ひき肉　200g
大根　10cm
だし汁(p.11参照)　2カップ
酒　大さじ2
しょうゆ　小さじ1
塩　小さじ½

1 > 大根は皮をむいて5㎜厚さのいちょう切りにする。
2 > 土鍋にだし汁、酒、しょうゆ、塩を入れ、大根を加えて弱めの中火にかけ、ふたをして大根がやわらかくなるまで煮る。
3 > 鶏ひき肉をスプーンで適量ずつ丸くまとめて2に落とし入れ（写真）、鶏団子に火が通るまでさらに煮る。

ひき肉のうまみを吸った長ねぎが、これまたおいしい
豚団子と長ねぎのカレー鍋

材料 ● 1人分
豚団子
　豚ひき肉　200g
　玉ねぎのすりおろし　1/4個分
　塩　小さじ1/2
　こしょう　少々
　みりん　小さじ1
長ねぎ　1本
だし汁(p.11参照)　2カップ
酒　大さじ2
塩　小さじ1
しょうゆ　小さじ1
カレー粉　大さじ1

1 ▷ 豚団子の材料は混ぜ合わせる。
2 ▷ 長ねぎは斜め切りにする。
3 ▷ 土鍋にだし汁を入れて弱めの中火にかけ、沸騰してきたら酒、塩、しょうゆ、カレー粉を入れて混ぜる。
4 ▷ 1をスプーンで適量ずつ丸くまとめて3に落とし入れ、長ねぎも入れ、ふたをして豚団子に火が通るまで煮る。

締めはそばを入れてカレーそば。
ここでは乾麺をゆでたものを使用。

秋が旬の素材を取り合わせた、体温めレシピ
鮭としめじの豆乳みそ鍋

材料 ● 1人分
鮭(甘塩または生)　1切れ
大黒しめじ　3本
みそ　大さじ1
だし汁(p.11参照)　1½カップ
豆乳　½カップ
しょうゆ　小さじ¼

1 > 鮭は3等分に切る。しめじは食べやすい大きさに切る。
2 > 土鍋にみそを入れて弱めの中火にかけ、焼きつけるようにして香ばしさを出す(写真)。
3 > だし汁を少しずつ加えてのばし、豆乳を入れて温め、しょうゆで味を調える。
4 > 1を加え、弱火でふたをして火が通るまで煮る。

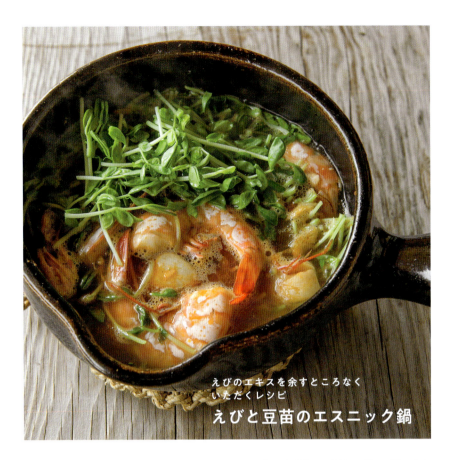

えびのエキスを余すところなく
いただくレシピ
えびと豆苗のエスニック鍋

材料 ● 1人分

えび(有頭、殻つき) 3尾
豆苗 1袋
にんにく 2かけ
オリーブオイル
赤唐辛子 1本
しょうがのせん切り ½かけ
酒 大さじ2
トマトピューレ 大さじ1
だし汁(p.11参照) 2カップ
塩 小さじ½
ナンプラー 小さじ½
レモンの搾り汁 ½〜1個分

1 > えびは背ワタを除いて頭をはずし、頭はあとで使うので取っておく。にんにくは包丁の腹でつぶす。

2 > 土鍋にオリーブオイル、えびの頭、にんにくを入れて弱めの中火で炒め、赤唐辛子、えびの身を加えてさらに炒める。

3 > しょうが、酒、トマトピューレ、だし汁、塩の順に加え、えびに火が通るまで煮る。ナンプラー、レモンの搾り汁で味を調え、豆苗をざく切りにして加える。

煮汁が残ったら春雨を入れてもおいしい。春雨は乾燥したまま加えてOK。

かぶのすりおろしを入れるのがポイント
ぶりとかぶのみぞれ鍋

材料 ● 1人分
ぶりの刺し身　5〜6切れ
かぶ　小3個
だし汁（昆布かつおだし。p.11参照）　2カップ
塩　少々

1> かぶ1個は茎を少し残して6〜8等分のくし形に切り、残り2個はすりおろす。
2> 土鍋にだし汁を入れて弱めの中火にかけ、くし形に切ったかぶを入れ、ふたをして煮る。
3> かぶに半分火が通ったら、かぶのすりおろしを加えて温め、塩で味を調える。ぶりの刺し身を並べ入れて一煮する。

鯛は骨つきのものを使うと、うまみが倍増します

鯛とわかめの鍋

材料 ● 1人分
鯛(骨つき) 1切れ
わかめ(生または戻したもの) 50g
だし汁(昆布だし。p.11参照) 2カップ
酒 大さじ2
塩、しょうゆ 各少々
木の芽 適量

1> わかめはざく切りにする。
2> 土鍋にだし汁、酒、塩、しょうゆを入れて弱めの中火にかけ、沸騰してきたら鯛を加えてふたをして煮る。
3> 鯛に火が通ったら1を加え、さっと煮る。木の芽をのせる。

締めはにゅうめん。乾麺をゆでてザルに上げ、流水でよく洗って水気をきり、土鍋に入れてさっと温める。

はまぐりのうまみと昆布で、だし汁いらず
はまぐりと豆腐の鍋

材料 ● 1人分
はまぐり　6粒
豆腐　½丁
しょうがのせん切り　1かけ分
昆布　5cm角1枚
塩　少々

1 > 土鍋に昆布を敷いて水2カップを入れておく。
2 > はまぐりは塩水に入れて砂抜きをし、殻をこすり合わせてよく洗う。豆腐は3〜4等分に切る。
3 > 1にはまぐりとしょうがを入れて弱めの中火にかけ、ふたをして、はまぐりの殻が開くまで煮る。
4 > 豆腐を加え、豆腐に火が通るまで煮る。塩で味を調える。

締めはご飯を入れて雑炊に。好みでしょうゆをたらしても。

梅干しを入れると味にコクが出るのに、後味すっきり
かきとキャベツの梅風味鍋

材料 ● 1人分
かき　6粒
キャベツ　大3枚
梅干し　1個
だし汁（昆布だし。p.11参照）　2カップ
酒、塩　各少々

1 > かきはザルに入れて塩少々（分量外）をふり、軽くゆすりながら水洗いし、ペーパータオルで水気を拭き取る。
2 > キャベツは食べやすい大きさに切る。
3 > 土鍋にだし汁、酒、塩を入れ、弱めの中火にかけて温める。1と2、梅干しを入れ、ふたをして、かきとキャベツに火が通るまで煮る。

湯豆腐をちょっぴりアレンジ。
卵黄だれがポイント

豆腐と春菊の鍋

材料 ● 1人分

豆腐　大½丁
春菊　⅓束
だし汁(p.11参照)　2カップ
卵黄だれ
　削り節　小1袋
　酒、しょうゆ　各¼カップ
　卵黄　1個分

1 > 豆腐は食べやすい大きさに切る。春菊はかたい茎の部分は除き、葉を摘む。
2 > ボウルなどに卵黄だれの材料を入れて混ぜ合わせ、そばちょこや湯飲みなどに入れる。
3 > 土鍋にだし汁を入れて真ん中に2をおき、弱めの中火にかける。沸騰してきたら豆腐と春菊を入れて煮る。取り鉢によそい、卵黄だれを適量かけて食べる。卵黄だれは火を通しすぎるとかたまるので、温まれば取り出す。

キムチを炒めてから煮るのが、おいしさの決め手
豆腐と白菜キムチの鍋

材料 ● 1人分
豆腐　大½丁
白菜キムチ　200g
ごま油　大さじ1
コチュジャン、みそ　各小さじ2
しょうゆ　小さじ1
だし汁(p.11参照)　2カップ

1 > 豆腐は4等分に手でちぎる。白菜キムチはざく切りにする。
2 > 土鍋にごま油とキムチを入れて弱めの中火で炒め、コチュジャン、みそ、しょうゆを加えてさらに炒めて味をなじませる。
3 > だし汁を注ぎ入れ、沸騰したら豆腐を加え、豆腐に火が通るまで煮る。

豆板醤とオイスターソース、紹興酒で中華風
厚揚げと青梗菜のピリ辛とろみ鍋

材料 ● 1人分
厚揚げ　1枚
青梗菜　2株
しょうがのせん切り　1かけ分
にんにく　1かけ
ごま油　大さじ1½
豆板醤　小さじ1
紹興酒　大さじ2
だし汁(p.11参照)　2カップ
オイスターソース　大さじ1
水溶き片栗粉　少々

1 ▸ 厚揚げは食べやすい大きさに切る、青梗菜はざく切りにし、茎と葉の部分に分ける。
2 ▸ 土鍋にごま油、しょうが、にんにくを半分に切って入れ、弱めの中火にかけ、香りが立つまで炒め、豆板醤を加えてさらに炒める。
3 ▸ 紹興酒をふり、だし汁を注ぎ入れ、厚揚げを加えて煮る。
4 ▸ オイスターソースで味を調え、青梗菜の茎、葉の順に加えて一煮し、水溶き片栗粉でゆるいとろみをつける。

切って煮るだけのクイックレシピ。
水菜の代わりにほかの青菜でも

油揚げと水菜の鍋

材料 ● 1人分
油揚げ　2枚
水菜　小1束
だし汁(p.11参照)　2カップ
酒　大さじ2
しょうゆ　小さじ½
しょうがの絞り汁　小さじ1

1 > 水菜はざく切りにする。
2 > 土鍋に油揚げを入れて弱火にかけ、焼き色がついてくるまで焼く。いったん取り出して食べやすい大きさに切る。
3 > 2の土鍋にだし汁、酒、しょうゆ、しょうがの絞り汁を入れて弱めの中火にかけ、油揚げを入れ、ふたをして煮、水菜を加えて一煮する。好みで黒七味(分量外)をふる。

煮汁が残ったら卵おじやに。煮汁にご飯を入れて温め、塩としょうゆで味つけし、溶き卵を回し入れてふわっと火を通す。

食べきりご馳走おかず

食べたいけれど、ひとりだからやめておこう……、
土鍋を使いはじめると、
そんな風に思っていたのが嘘のよう。むしろ、ひとりだからこそ、
その日食べたいものを食べたい分だけ作って楽しみたくなります。
小鍋なら作りすぎることもなく、ちょっとした贅沢もできます。

 a
 b
 c

焼く

外側は香ばしく、
中は遠赤外線効果でジューシー

牛肉のステーキ

材料 ● 1人分
牛肉（ステーキ用）
　100〜120gの厚めのもの1枚
塩、黒こしょう（たたいたもの）
　各適量
牛脂　適量
大黒しめじ　2〜3本
さやいんげん（ゆでたもの）　3本
レモンのくし形切り　1切れ

 d
 e

1 > 牛肉は室温に戻し、塩、こしょうをふる。しめじは縦半分に切る。
2 > 土鍋を中火にかけ、鍋肌から煙が出るくらいまで熱して牛脂を入れ、溶けてきたら1を入れる（写真a）
3 > 両面さっと焼きつけ、ふたをして（写真b）、表面は香ばしく、中は好みの加減に火を通す。
4 > ふたを取り（写真c）、しめじを加えてさっと炒め、さやいんげんを半分に切って添える。火を止めて落ち着かせる（写真d）。
5 > 牛肉を食べやすい大きさに切り分け（写真e）、レモンを添える。

山の幸を取り合わせ、
甘くしないのが我が家流
山のすき焼き

材料 ● 1人分
牛肉(すき焼き用) 100g
豆腐(絹ごし) ½丁
舞たけ ½袋
エリンギ 1本
青ねぎ 2〜3本
牛脂 適量
塩 少々
酒 大さじ2
しょうゆ 小さじ2

1 ▶ 牛肉、豆腐は食べやすい大きさに切る。舞たけはざっとほぐし、エリンギは縦にさき、青ねぎは斜め切りにする(写真a)。分量は好みで調整。
2 ▶ 土鍋を弱めの中火にかけて鍋肌から煙が出るくらいまで熱し、牛脂を入れる。溶けてきたら、牛肉を入れて塩をふり(写真b)、焼きつける。
3 ▶ 牛肉の色が変わってきたらエリンギと舞たけを加え(写真c)、牛肉を返し、酒をふり(写真d)、フツフツしてきたら豆腐を入れる。
4 ▶ しょうゆで味を調え(写真e)、青ねぎを入れ、ふたをして一煮する。

最後は溶き卵を回し入れて、クツクツ煮て卵とじに。ご飯にのせてもおいしい。

a　　　　　　b

c　　　　　　d

e

肉だけでもおいしいけれど、
あえて野菜も一緒に摂りたい

ひとり占め焼き肉

材料 ● 1人分

牛肉(焼き肉用)　100〜150g
下味
　| コチュジャン　大さじ½
　| みりん　小さじ1
　| 酒　大さじ1
　| しょうゆ、塩　各少々
　| にんにくのすりおろし　1かけ分
もやし　小1袋
牛脂　適量
大根おろし、ポン酢じょうゆ　各適量

1 > ボウルに下味の材料を入れて混ぜ合わせ、牛肉を加えて手でもみ込む(写真a)。
2 > もやしはできるだけひげ根を取る。
3 > 土鍋を弱めの中火にかけ、鍋肌から煙が出るくらいまで熱して牛脂を入れ、溶けてきたら1を並べ入れる(写真b)。
4 > もやしを入れ(写真c)、下味のたれが残っていたらのせてふたをし(写真d)、牛肉においしそうな焼き色がつくまで焼く(写真e)。
5 > 牛肉をひっくり返してもやしの上にのせる。大根おろし、ポン酢じょうゆを添え、好みでかけて食べる。

豚肉は半分にたたんで一気に焼きつけ、味をからめます

豚肉のしょうが焼き

材料 ● 1人分
豚肉(しょうが焼き用)　150g
塩、こしょう　各適量
片栗粉　適量
ラード　適量
酒　大さじ2
しょうゆ　小さじ1½
しょうがの絞り汁　小さじ2
キャベツのせん切り　適量

a　　　　b

c　　　d　　　e

1 ▶ 豚肉は広げ、塩、こしょうをふり、片栗粉を茶漉しに入れてふるい、全体にまぶす(写真a)。

2 ▶ 土鍋を弱めの中火にかけ、鍋肌から煙が出るくらいまで熱してラードを入れ、溶けてきたら、1を半分に折りたたんで入れ(写真b)、中火で両面焼く。

3 ▶ 酒としょうゆ、水大さじ1を混ぜ合わせて2に回し入れ(写真c)、フツフツしてきたらしょうがの絞り汁を加え(写真d)、豚肉に味をからめる(写真e)。

4 ▶ 火を止めて、キャベツを添える。

キャベツと一緒にご飯にのせて食べても。

a b

c

皮に焼き色をつけ、
照りよく仕上げるのがコツ

鶏肉の照り焼き

材料 ● 1人分
鶏もも肉　150g
塩　適量
しいたけ　大2個
酒　小さじ2
しょうゆ、みりん　各小さじ2
実山椒または粉山椒　適量

1 > 鶏肉は余分な皮は切り落とし、3等分に切る（写真a）。切り落とした皮は取っておく。しいたけは石づきを取って1cm厚さに切る。
2 > 土鍋を弱めの中火にかけて鍋肌から煙が出るくらいまで熱し、1の鶏の皮を入れる。鶏の皮から脂が溶け出てきたら、鶏肉の皮目を下にして入れ（写真b）、塩をふり、ふたをして中火で皮に焼き色がつくまで焼く（写真c）。ひっくり返してさらに焼きつける。
3 > 酒をふり（写真d）、しいたけを加え、フツフツとしてきたら、しょうゆとみりんを加え（写真e）、煮汁がなくなるまで鶏肉に味をからめる。実山椒をふる。

d e

a　　　　　b　　　　　c

d　　　　　e

材料 ● 1人分
ひき肉ダネ
　合びき肉　150g
　塩、こしょう　各適量
　玉ねぎ　½個
　セロリ　50g
キャベツ　大1枚
トマト　¼個

蒸し煮

野菜たっぷりで蒸し煮するから、軽い食べ心地
重ねキャベツバーグ

1 > 玉ねぎは¼個はすりおろし、残り¼個はみじん切りにする。セロリは粗みじん切りにする。
2 > ボウルに合びき肉、塩、こしょうを入れてグルグルとよく練り混ぜ、玉ねぎのすりおろしを加え(写真a)、さらによく混ぜる。
3 > 2の玉ねぎのみじん切りを加えて混ぜ(写真b)、セロリも加えて混ぜ合わせる(写真c)。
4 > キャベツはせん切りにする。
5 > 土鍋に3の半量を入れ、キャベツの半量をのせる。残りの3を重ねてのせ(写真d)、残りのキャベツをのせる。ふたをし(写真e)、弱めの中火にかけ、ひき肉ダネに火が通るまで10分ほど蒸し煮する。仕上げにトマトを刻んでのせる。好みでしょうゆ(分量外)をかける。

蒸し焼き

蒸し焼きにするとカサが減って、
野菜がたくさん食べられる

ベーコンとレタスの重ね焼き

材料 ● 1人分
ベーコン（かたまり）　100g
レタス　6〜7枚
オリーブオイル　小さじ1
白ワイン　大さじ1
レモンのくし形切り　1切れ

1 ▶ ベーコンは少し厚めに切る。レタスは太めのせん切りにする。
2 ▶ 土鍋にオリーブオイルを入れて弱めの中火にかけ、ベーコンを入れ（写真a）、脂が出てカリッとするまで炒める。
3 ▶ 2にレタスを入れ（写真b）、白ワインをふり（写真c）、ふたをして2分ほど蒸し焼きにする（写真d）。
4 ▶ レタスがしんなりとしてカサが減ったらでき上がり。食べるときに全体を混ぜ合わせ（写真e）、レモンを搾りかける。

e

豚肉は少し厚めに切ったものを使い、
しっかり炒めるのがコツ

回鍋肉(ホイコーロー)

材料 ● 1人分

豚バラ肉（焼き肉用
　　　　または厚めに切ったもの）　150g
キャベツ　大2枚
にんにく　1かけ
しょうが　1かけ
ごま油　小さじ1
豆板醤、豆豉醤　各小さじ1
甜麺醤　大さじ1
紹興酒　大さじ1
しょうゆ　少々

1 ▶ キャベツは食べやすい大きさにちぎり、にんにくは半分に切ってつぶし、しょうがはせん切りにする。

2 ▶ 土鍋にごま油を入れて弱めの中火にかけ、にんにく、しょうがを入れて炒め（写真a）、香りが立ったら豚肉を入れて強火にし（写真b）、豚肉から十分に脂が出て焼き色がついてくるまで炒める（写真c）。

3 ▶ 中火にして豆板醤、豆豉醤、甜麺醤を入れて炒め合わせ（写真d）、紹興酒をふる。

4 ▶ 3にキャベツを加え（写真e）、味をからめながら炒め合わせ、しょうゆで味を調える。

a b c

あっさりめの味つけにし、
肉のうまみが出た煮汁も残さずいただく

肉豆腐

材料 ● 1人分
牛肉(すき焼き用)　100〜150g
豆腐　½丁
長ねぎ　¼本
だし汁(p.11参照)
　1カップ
酒　大さじ1
みりん　大さじ½
しょうゆ　大さじ1
黒七味　少々

1 > 牛肉は食べやすい大きさに切る。長ねぎは斜め切りにする。
2 > 土鍋にだし汁、酒、みりん、しょうゆを入れて弱めの中火にかけ、沸騰してきたら豆腐を入れ(写真a)、長ねぎを加えてふたをし(写真b)、豆腐と長ねぎに火が通るまで中火で煮る。
3 > 牛肉を加え(写真c)、再びふたをして煮る。黒七味を添える。

温泉卵につけて食べても。

温泉卵の作り方
土鍋に水2½カップを入れて弱めの中火にかけ、沸騰したら水1カップを加えて温度を下げ、すぐに冷えた卵2個を入れる。火を止め、ふたをして12〜13分おく。冷水に取って冷ます。

麻婆豆腐のアボカド版。定番にしたいおいしさ
麻婆アボカド

マーボー豆腐と同じように、ご飯にかけてもおいしい。

材料 ● 1〜2人分

豚ひき肉　100g
にんにく　1かけ
しょうが　1かけ
アボカド　1個
ごま油　大さじ1
紹興酒、甜麺醤　各大さじ2
豆板醤　小さじ1
花椒（ホワジャオ）　1つまみ
だし汁（昆布だし。p.11参照）　2カップ
水溶き片栗粉　少々
長ねぎのみじん切り　適量

1 ▶ にんにく、しょうがはみじん切りにする。
2 ▶ アボカドは縦にぐるりと切り込みを入れ、ねじるようにして2つに分け、種と皮を取り、食べやすい大きさに切る。
3 ▶ 土鍋にごま油、にんにく、しょうがを入れて弱めの中火にかけ、香りが立ったらひき肉を入れ（写真a）、火を強めて色が変わるまで炒める。
4 ▶ 紹興酒、甜麺醤、豆板醤を加えて混ぜ、花椒を入れ（写真b）、だし汁を注ぎ入れ（写真c）、沸騰したら火を弱めて10分ほど煮る。
5 ▶ 水溶き片栗粉を入れてゆるいとろみをつけ（写真d）、2を加え（写真e）、一煮する。仕上げに長ねぎをふる。

a  b

c  d  e

1 ▶ 牛肉は大きければ半分に切り、塩、こしょうをふる。にんにくはつぶし、しょうがは薄切りにする。玉ねぎはすりおろし、汁もとっておく。セロリは筋を取って乱切りにする。
2 ▶ 土鍋にオリーブオイル、にんにく、しょうがを入れて弱めの中火にかけ、香りが立ったら牛肉を入れて焼きつける(写真a)。玉ねぎのすりおろしを汁ごと加え(写真b)、塩少々をふる。
3 ▶ トマトをすりおろして汁ごと加え(写真c)、沸騰したら弱火にし、ふたをして、ときどき混ぜながら30分ほど煮込む。水分が足りなくなったら、水を適宜加える。
4 ▶ 牛肉がやわらかくなったらセロリを入れ、じゃがいもをすりおろして加えて混ぜ(写真d)、再びふたをし、ときどき混ぜながら20分ほど煮込む。
5 ▶ カレーの恩返しを加えて混ぜ(写真e)、塩で味を調え、一煮する。

煮込む

野菜をすりおろして入れるから、コクがあるのにやさしい味わい

我が家のビーフカレー

材料 ● 2人分
牛肉(カレー用) 200g
にんにく 1かけ
しょうが 1かけ
玉ねぎ 1個
トマト 大1個
セロリ ½本
オリーブオイル 大さじ1
じゃがいも 1個
塩、こしょう 各適量
カレーの恩返し 1袋(4g)
 (またはカレー粉 大さじ1)

材料 ● 2人分

あさり（殻つき）　10粒
豚バラ肉（かたまり）　150g
じゃがいも　小1個
玉ねぎ　½個
オリーブオイル　大さじ1
白ワイン　大さじ2
だし汁（昆布だし。p.11参照）　適量
にんにく　1かけ
ローリエ　1枚
トマトソース　½カップ
塩、こしょう　各適量
パセリのみじん切り　少々

あさりと豚肉は好相性。これだけで大満足！

あさりと豚肉のポルトガル風煮込み

a

b

c

d

1 ▸ あさりは塩水に入れて砂抜きをし、殻をこすり合わせてよく洗う。豚肉は5mm～1cm厚さに切る、じゃがいもは皮をむいて1.5～2cm角に切り、玉ねぎは薄切りにする。

2 ▸ 土鍋にオリーブオイルを入れ、弱めの中火にかけてしっかりと熱し、豚肉を加えて両面焼く（写真a）。焼き色がついたら中火にし、じゃがいもと玉ねぎを加えて炒め合わせ（写真b）、白ワインをふる。

3 ▸ だし汁をかぶるくらいまで注ぎ入れ（写真c）、にんにく、ローリエを加え、トマトソースを入れる（写真d）。ふたをして、豚肉がやわらかくなるまで弱火で煮る。

4 ▸ あさりを加え（写真e）、殻が開くまでさらに煮る。塩、こしょうで味を調え、仕上げにパセリのみじん切りをふる。

e

みそ、はちみつ、豆板醤で、こっくりとした味わい
スペアリブと大根のみそ煮込み

煮込む

材料 ● 2人分
豚スペアリブ（ハーフサイズ）　200g
大根　10cm
しょうが　1かけ
太白ごま油　大さじ1
塩　少々
紹興酒　大さじ2
だし汁(p.11参照)　適量
赤唐辛子　1本
はちみつ、豆板醤　各小さじ1
みそ　大さじ1

1 > 大根は縦8つ割りにし、斜め切りにする。しょうがは厚めに3～4等分に切る。
2 > 土鍋に太白ごま油を入れ、弱めの中火にかけてしっかりと熱し、中火にしてスペアリブとしょうがを入れて塩をふり（写真a）、スペアリブの表面全体を焼きつける。
3 > 大根を加えてざっと混ぜ（写真b）、紹興酒を加え（写真c）、だし汁をかぶるくらい注ぎ入れて赤唐辛子を入れ、ふたをして、スペアリブがやわらかくなるまでコトコトと煮る。水分が足りなくなったら、だし汁（分量外）を適宜加える。
4 > はちみつ、豆板醤を加えて混ぜ（写真d）、みそを溶き入れ（写真e）、一煮する。

煮込む

れんこん入りミニバーグをトマトのうまみと水分で煮る
ミニハンバーグの煮込み

材料 ● 2人分
ひき肉ダネ
　合びき肉　200g
　れんこん　100g
　玉ねぎ　½個
　塩、こしょう　各少々
　タイム（ドライ）　少々
オリーブオイル　大さじ1
ミニトマトまたはミディトマト
　15〜16個
白ワイン　大さじ3
塩　少々
しょうゆ　小さじ1
パセリのみじん切り　適量

1 > ひき肉ダネを作る。れんこんは半量はすりおろし（写真a）、残りは5mm角に切る。玉ねぎはみじん切りにする。
2 > ボウルに合びき肉、塩、こしょう、タイムを入れてよく練り混ぜ、1を加えてさらに混ぜ、3〜4等分にする。空気を抜くようにしてまとめ（写真b）、丸く形を整える。
3 > ミニトマトはヘタを取って4つ割りにする。
4 > 土鍋にオリーブオイルを入れ、弱めの中火にかけてしっかりと熱し、2を入れ（写真c）、焼き色がついたらひっくり返し、両面焼き色をつける。
5 > 白ワインをふり、ミニトマトを加え（写真d）、塩をふり、ふたをして弱火で煮る（写真e）。しょうゆで味を調え、仕上げにパセリをふる。

a

b

c

d

e

a

b

c

煮込む

土鍋は火の通りがゆっくりだから、
ソースもダマになりにくい

魚介のクリームシチュー

材料 ● 2人分
あさり（殻つき）　6粒
えび（無頭、殻つき）　5尾
いか　小1ぱい
玉ねぎ　1個
マッシュルーム（ブラウン）　6個
じゃがいも　1個
バター　大さじ1
白ワイン　大さじ3
ホワイトソース
　│バター　大さじ2
　│小麦粉　大さじ3
　│牛乳　2カップ
塩、こしょう　各適量
パルメザンチーズ（かたまり）　適量

1▶あさりは塩水に入れて砂抜きをし、殻をこすり合わせてよく洗う。えびは殻をむき、背に切り込みを入れて開いて背ワタを取り、半分の大きさに切る。いかは胴から足を抜き、軟骨とワタを除き、目の部分を取り除く。胴は輪切り、足は食べやすい長さに切る。

2▶じゃがいもは皮をむいて一口大に切り、玉ねぎは薄切りにする。マッシュルームは石づきを取る。

3▶土鍋にバターを入れて弱めの中火にかけ、2を入れて炒め（写真a）、あさりを加えて白ワインをふり、ふたをしてあさりの口が開くまで蒸し煮する。えび、いかを加えて混ぜ（写真b）、ざっと火を通す。ボウルにあける（写真c）。

4▶ホワイトソースを作る。3の鍋にバターを入れて弱めの中火にかけ、バターが溶けたら小麦粉を加えてよく混ぜて炒める。火を止めていっきに牛乳を加え（写真d）、泡立て器でよく混ぜ、弱めの中火にかけて混ぜながらなめらかにする。

5▶4に3を煮汁ごと戻し入れ（写真e）、とろりとするまで少し煮る。塩、こしょうで味を調え、仕上げに、パルメザンチーズをすりおろして加える。

d

e

ちょいつまみも土鍋で作る

ひとりで晩酌するときも、友だちが来たときのおつまみにも重宝するのが、小さいサイズの土鍋たち。冷蔵庫にあるものを、焼いて、蒸して、炒めて……、そのままテーブルへ。土鍋は保温性が高いから、お酒をゆっくりと楽しみながらつつけます。

えのきだけを天日干しにしておくと便利
えのきのチリチリ

材料 • 1～2人分
えのきだけ　大1袋
オリーブオイル　大さじ1
塩　少々

1 > えのきだけは根元を切り落としてほぐし、ザルに広げてのせ、1～2日天日干しにする。
2 > 土鍋にオリーブオイルを入れ、弱めの中火にかけて温め、1を入れてチリチリになるまで炒める。仕上げに塩をふる。

蒸し焼きにした枝豆はうまみがギュッと凝縮
焼き枝豆

材料 • 1～2人分
枝豆（さやつき）　1袋（100g）
塩　小さじ1

1 > 枝豆は洗い、塩をこすりつける。
2 > 土鍋に1を入れ、水大さじ1を加えてふたをして弱めの中火にかけ、ふたに蒸気穴がある場合はティッシュなどでふさぐ。
3 > ときどき混ぜながら、15分ほど蒸し焼きにして中まで火を通す。

とろろに卵とだし汁を入れて焼くと、ふっくら
とろろ焼き

材料 • 2～3人分
山芋（大和芋）　200g
卵　1個
だし汁(p.11参照)　¾カップ
塩　小さじ½
しょうゆ　少々

1 > 山芋は皮をむいてすりおろし、ボウルに入れ、卵、だし汁、塩、しょうゆを加えて混ぜる。
2 > 土鍋に1を入れ、200℃のオーブンで20分ほど焼いて中まで火を通す。オーブントースターで焼いてもよい。

とろろ焼きはスプーンですくって食べる。中はふんわり、とろり。

チャチャッと炒めるだけの、
定番の組み合わせ
豚キムチ

材料 ● 2人分
豚バラ薄切り肉（焼き肉用）　100g
白菜キムチ　100g
キャベツ　2枚
ごま油　大さじ1
塩　少々
酒　大さじ1

1 > 豚肉は食べやすい大きさに切り、キムチはざく切りにする。キャベツは手でちぎる。
2 > 土鍋にごま油を入れ、弱めの中火にかけてしっかりと温め、豚肉を入れ、塩をふって焼きつけるようにして炒める。
3 > 中火にし、キムチ、キャベツの順に加えて炒め合わせ、酒をふって混ぜる。

アンチョビーを入れて、
パンチのある味わいに
砂肝セロリ

材料 ● 2人分
鶏砂肝（下処理したもの）　150g
セロリ　小2本
にんにく　1かけ
オリーブオイル　大さじ1
アンチョビー　2枚
白ワイン　1/4カップ
塩　少々

1 > 砂肝は切り目を入れて一口大に切る、セロリは一口大の乱切りにする。にんにくはみじん切りにする。
2 > 土鍋にオリーブオイルとにんにく、アンチョビーを入れて弱めの中火にかけ、香りが立ったら中火にし、砂肝を加えて炒める。
3 > セロリを加えてざっと炒め、白ワインをふって沸騰させてアルコール分を飛ばし、全体に混ぜ合わせる。塩で味を調える。

厚切りのベーコンを使い、
こしょうを利かせるのがおすすめ
長ねぎベーコン

材料 ● 2人分
ベーコン（かたまり）　100g
長ねぎ　1本
にんにく　1かけ
オリーブオイル　大さじ1
粗びき黒こしょう　適量

1 > ベーコンは拍子木切りにする。長ねぎは斜め切りにし、にんにくは半分に切ってつぶす。
2 > 土鍋にオリーブオイルとにんにくを入れて弱めの中火にかけ、香りが立ったらベーコンを加えてさらに炒める。
3 > 中火にして長ねぎを加え、ベーコンの脂をからめながら炒め、こしょうをふる。

仕上げにゆずこしょうを加えると、
酒の肴向き
いかの白ワイン蒸し煮

材料 ● 1人分
小やりいか　5はい
にんにく　1かけ
オリーブオイル　大さじ1
白ワイン　大さじ2
ゆずこしょう　小さじ1

1 > 小やりいかは、小さいものはそのまま。大きめのものは胴から足を抜き、軟骨とワタを除き、目の部分を切り落とす。
2 > 土鍋にオリーブオイルとにんにくを入れて弱めの中火にかけ、香りが立ったら中火にして1を入れ、白ワインをふってふたをし、蒸し煮する。
3 > いかに火が通ったら、仕上げにゆずこしょうを加える。

チーズがとろり。
もう一品欲しいときのおつまみに
ちくわチーズ

材料 ● 1人分
ちくわ　3本
プロセスチーズ　30g
あおさのり　適量

1 > チーズは細切りにし、ちくわの穴に詰める。
2 > 土鍋に1を入れ、ふたをして弱めの中火にかける。途中で返しながら、チーズが溶けるまで5～6分焼き、あおさのりをふる。

おいしいオリーブオイルで
焼くのがポイント
七味たこ

材料 ● 1人分
ゆでだこの足　100g
オリーブオイル　大さじ1
しょうゆ　少々
七味唐辛子　適量

1 > たこはぶつ切りにする。
2 > 土鍋にオリーブオイルを入れて弱めの中火にかけて温め、1を入れ、ときどき返しながらさっと焼く。
3 > しょうゆをふって味をからめ、七味唐辛子をまぶす。

土鍋で食べる満腹ごはん

ひとり土鍋は、鍋焼きうどんに代表されるように、1人分をチャチャッと作って
そのまま食卓に持っていき、温かさを保ちながら食事を楽しむことができるのが魅力。
ここでは、汁めんだけでなく、焼き飯、パスタ、グラタン、トーストなども紹介。
キッチンに出しておいても邪魔にならないサイズだから、毎日、使いたくなります。

あえて焦げるまで焼いて、
しょうゆをジュッと香ばしく

土鍋焼きめし

材料 ● 1人分
ご飯　茶碗大1杯分
卵　1個
塩、粗びき黒こしょう　各少々
牛切り落とし肉　20g
もやし　1つかみ
にんにく　1かけ
ごま油　大さじ1
しょうゆ　適量

1 > 牛肉は大きければ刻む。もやしはできるだけひげ根を取り、ざく切りにする。にんにくは包丁の腹でたたく。
2 > ボウルにご飯を入れ、卵を加えて混ぜ（写真a）、塩、こしょうをふる。
3 > 土鍋にごま油とにんにくを入れ、弱めの中火にかけて温め、牛肉を入れて炒める（写真b）。
4 > 中火にして2を加え（写真c）、ご飯がパラパラになるまでよく炒める。
5 > もやしを加え（写真d）、ざっと炒め合わせる。仕上げに、鍋の底を少し空けてしょうゆをたらして香ばしさを出し（写真e）、全体に混ぜ合わせる。

にんにくと唐辛子を利かせるのがポイント
水菜とじゃこのスパゲッティ

材料 ● 1人分
スパゲッティ　80g
水菜　小½束
にんにく　1かけ
ちりめんじゃこ　½カップ
赤唐辛子　1本
オリーブオイル　大さじ2
塩　適量

1 ▶ 水菜はざく切りにする。にんにくはみじん切りにする。

2 ▶ 土鍋にたっぷりめの湯を沸かし、塩少々（分量外）を入れ、スパゲッティを半分に折って入れる（写真a）。袋の表示時間より少し短めにゆで、ザルに上げる。

3 ▶ 2の土鍋を拭き、オリーブオイル、にんにく、赤唐辛子を入れて弱めの中火にかけ、にんにくから泡が出てフツフツとしてきたら（写真b）、ちりめんじゃこを加えて炒める（写真c）。

4 ▶ 中火にし、3にスパゲッティを加えてオイルをからめるようにして混ぜ（写真d）、水菜を入れてざっと混ぜる（写真e）。塩で味を調える。

a　　　　　　　b　　　　　　　c

d　　　　　　　e

グラタン皿として土鍋を活用。
ソースたっぷりがおいしい

えびマカロニグラタン

材料 ● 1人分

マカロニ　50g
えび(無頭、殻つき)　2〜3尾
酒　少々
玉ねぎ　小1個
バター　大さじ2
白ワイン　大さじ1
ホワイトソース
　│バター　大さじ2
　│小麦粉　大さじ3
　│牛乳　2カップ
塩、こしょう　各適量
パルメザンチーズ(かたまり)　適量

1 ▶ えびは殻をむいて背ワタを取り、一口大に切り、酒をまぶす。玉ねぎは1cm角に切る。
2 ▶ 土鍋にたっぷりめの湯を沸かし、塩少々(分量外)を入れ、マカロニを入れて袋の表示時間通りにゆで、ザルに上げる。
3 ▶ 2の土鍋を拭き、バターを入れて中火にかけ、酒を拭き取ったえびと玉ねぎを入れ、塩少々をふって炒める。玉ねぎが透明になったら白ワインをふり、ボウルに取り出す。
4 ▶ ホワイトソースを作る。3の土鍋を拭き、バターを入れて弱めの中火にかけ、バターが溶けたら小麦粉を加えて泡立て器でよく混ぜる(写真a)。火を止めていっきに牛乳を加え(写真b)、混ぜ合わせる。ザルですくってダマがあったら泡立て器で混ぜて漉す(写真c)。中火にかけ、混ぜながらとろみがつくまで火を通す。
5 ▶ 4に3を加えて混ぜ(写真d)、マカロニも入れて混ぜ合わせ(写真e)、塩、こしょうで味を調える。パルメザンチーズをすりおろしてかけ、250℃のオーブンで10分ほど焼く。

甘さ控えめの手作りつゆで、
おいしさ倍増！
鍋焼きうどん

材料 ● 1人分
冷凍うどん　1玉
しいたけ　1個
春菊など好みの青菜　適量
卵　1個
焼きかまぼこ　2切れ
天かす　適量
つゆ
　だし汁(p.11 参照)　¾ カップ
　酒　大さじ2
　みりん　大さじ1
　しょうゆ　小さじ1
　塩　少々
七味唐辛子　少々

1 ▸ しいたけは石づきを取って半分に切る。春菊は食べやすい長さにきる。
2 ▸ 土鍋につゆの材料を入れてふたをして弱めの中火にかけ、沸騰したら冷凍うどんを凍ったまま入れ、解凍しながらほぐす。
3 ▸ 中火にしてしいたけを加え、卵を落とし入れ、再びふたをして卵が半熟に火が通るまで煮る。
4 ▸ 焼きかまぼこ、天かす、春菊を加えて一煮し、七味唐辛子をふる。

ちょっぴり懐かしい。
汁が残ったら次の日はご飯にかけて
カレーうどん

材料 ● 1人分
冷凍うどん　1玉
豚細切れ肉　50g
長ねぎ　15cm
油揚げ　1/2枚
太白ごま油　小さじ1
つゆ
　│ だし汁(p.11参照)　3/4カップ
　│ 酒　大さじ2
　│ みりん　大さじ1
　│ しょうゆ　小さじ1
　│ 塩　少々
カレーの恩返し　1袋(4g)
　（またはカレー粉　大さじ1）
水溶き片栗粉
　│ 片栗粉小さじ1＋水小さじ1

1 ▶ 長ねぎは食べやすい長さの筒切りにし、油揚げは短冊切りにする。
2 ▶ 土鍋に太白ごま油を入れて弱めの中火にかけ、豚肉、長ねぎを入れて炒める。中火にして、つゆの材料を加え、沸騰したら冷凍うどんを凍ったまま入れ、解凍しながらほぐす。
3 ▶ 油揚げを入れ、カレーの恩返しをふり入れ（写真）、ふたをして長ねぎに火が通るまで煮る。水溶き片栗粉を回し入れてとろみをつける。

あん＋ねぎ＋しょうがで、体がポカポカ温まる
あんかけうどん

材料 ● 1人分
冷凍うどん 1玉
青ねぎ 1本
しょうが 1かけ
つゆ
　だし汁(p.11参照) ¾カップ
　酒 大さじ2
　みりん 大さじ1
　しょうゆ 小さじ1
　塩 少々
水溶き片栗粉
　片栗粉小さじ1＋水小さじ1

1> 青ねぎは斜め薄切りにする。しょうがはすりおろす。
2> 土鍋につゆの材料を入れて弱めの中火にかけ、沸騰したら冷凍うどんを凍ったまま入れ、解凍しながらほぐす。
3> うどんがアツアツになったら、水溶き片栗粉を回し入れてとろみをつける。1をのせる。

冷凍うどんと卵さえあれば、10分でできる
ふんわり卵とじうどん

材料 ● 1人分
冷凍うどん　1玉
卵　1個
つゆ
　だし汁(p.11 参照)　¾ カップ
　酒　大さじ2
　みりん　大さじ1
　しょうゆ　小さじ1
　塩　少々
白髪ねぎ　適量

1 > 卵はボウルに割り入れ、よく溶き混ぜる。
2 > 土鍋につゆの材料を入れて弱めの中火にかけ、沸騰したら冷凍うどんを凍ったまま入れ、解凍しながらほぐす。
3 > うどんがアツアツになったら、1を回し入れ（写真）、あまりかき混ぜずにふんわりと火を通す。火を止めて白髪ねぎをのせる。

やさしい味わいに心も体もなごみます
梅とわかめのにゅうめん

材料 ● 1人分
そうめん　1束
わかめ（生または戻したもの）　適量
梅干し　1個
白炒りごま　少々
つゆ
　だし汁（p.11参照）　¾カップ
　酒　大さじ2
　みりん　大さじ1
　しょうゆ　小さじ1

1 > わかめはざく切りにする。
2 > 土鍋につゆの材料を入れて弱めの中火にかけ、沸騰したら、そうめんを乾燥したまま加え、火加減を調節しながら、やわらかくなるまで煮る。
3 > わかめと梅干しをのせ、ごまをふる。

コクとうまみがあるのは、炒めて煮込むから
あさりラーメン

材料 ● 1人分
ラーメン（乾麺。直接煮込めるタイプ）　1束
あさり　8粒
しょうがのせん切り　1かけ分
太白ごま油　大さじ1
酒　大さじ2
だし汁(p.11参照)　2カップ
塩　小さじ½
しょうゆ　少々
長ねぎの小口切り　適量
粗びき黒こしょう、ごま油　各少々

1 > あさりは塩水に入れて砂抜きをし、殻をこすり合わせてよく洗う。
2 > 土鍋に太白ごま油としょうがを入れて弱めの中火にかけ、あさりを入れて炒め、酒をふって中火にしてふたをする。あさりの口が開いたらだし汁を注ぎ入れ、沸騰したら、塩、しょうゆで味を調える。
3 > 2にラーメンを入れてときどき混ぜながら煮る。長ねぎを散らし、こしょうとごま油をふる。

朝食や夜食、お酒のあとにもおすすめ
餅の土鍋焼き

材料 ● 1人分
餅（丸餅または切り餅）　3個
ベーコン（かたまり）　適量
スライスチーズ　½枚
ちりめんじゃこ　2つまみ
粗びき黒こしょう　少々

1 > 餅1個は1cm幅に切り、ベーコンを5mm厚さに切って餅と交互になるようにサンドする。残りの餅2個はそのまま。
2 > 土鍋に1を入れ、ふたをして弱めの中火にかけ、5分ほど焼く。
3 > 餅に焼き色がついたらひっくり返し、何もはさんでいない餅にスライスチーズを半分に切ってのせ、ちりめんじゃこをふる。
4 > 再びふたをして5〜6分焼いて中まで火を通す。ベーコンサンドにはこしょうをふる。

アイスクリームでバニラの風味をプラス
フレンチトースト

材料 ● 1人分
パン（好みのもの。甘くないタイプ） 2切れ
卵液
　卵　1個
　塩　1つまみ
　牛乳　½カップ
　バニラアイスクリーム　½個
バター　大さじ1
バニラアイスクリーム　½個

1 > ボウルに卵、塩を入れて溶きほぐし、牛乳、アイスクリームを加えて混ぜ合わせる。
2 > バットにパンを並べて1を注ぎ入れ（写真）、ときどきひっくり返しながら、冷蔵庫で1時間以上おく。
3 > 土鍋にバターを入れて弱めの中火にかけ、バターが溶けたら2を入れ、両面こんがりと色づくまで、じっくりと焼く。
4 > 火を止めてアイスクリームをのせる。

a　b

c　d

土鍋の中の蒸気で、ふんわりおいしくできる

抹茶蒸しパン

材料 ● 作りやすい分量
小麦粉　80g
ベーキングパウダー　小さじ1
三温糖　大さじ2
抹茶　大さじ1
牛乳　大さじ4
太白ごま油　大さじ1
甘納豆（好みのもの）　大さじ2

1 ▶ 小麦粉、ベーキングパウダー、三温糖、抹茶は合わせてふるい（写真a）、ボウルに入れる。

2 ▶ 1に牛乳を入れ（写真b）、太白ごま油を加えてゴムベラで混ぜ合わせ、甘納豆を少し残して加え（写真c）、混ぜ合わせる。

3 ▶ オーブンシートを7〜8cm四方に切ったものを4枚用意し、2を4等分にしてのせる（写真d）。

4 ▶ 土鍋に蒸し板（または丸網）をおき、蒸し板の下ギリギリまで水を入れる。この上に3を並べ入れ、残しておいた甘納豆をのせる。

5 ▶ ふたをして弱めの中火にかけ（写真e）、沸騰したら火を弱めて7〜8分ほど蒸す。ふたに蒸気穴がある場合はティシュペーパーなどでふさぐ。生地が割れてきて、竹串を刺して何もついてこなければ蒸し上がり。

e

温め直しておいしく食べる

もちろん電子レンジやオーブントースターもあるけれど、
土鍋で温め直すと、ご飯もパンもふんわり。
パンは焼き色もついて、おいしさが戻ります。

冷やご飯を温める

温め直したご飯で
そのまま、土鍋オムライス

1 > 土鍋を弱火にかけて5分ほど空だきし、火を止める。冷やご飯茶碗1杯分を入れ、水小さじ1をふり（写真）、ふたをし、余熱でご飯を温める。温まったら全体に混ぜる。

1 > 温め直したご飯（土鍋もご飯も温かい状態）に、トマトケチャップまたはトマトペースト適量を加えて混ぜ（写真a）、塩、こしょうで味を調える。
2 > 卵白1個分をボウルに入れ、泡立て器で角が立つまで泡立てる。塩少々、卵黄1個分、しょうゆ少々の順に加えて泡立て器で混ぜ合わせる。
3 > 1に2をかけ（写真b）、ふたをして、弱めの中火で卵に火が通るまで7～8分蒸し焼きにする（写真c）。

a　　　b　　　c

パンを温めて焼く

1 > 土鍋を弱めの中火にかけて5分ほど空だきし、弱火にしてパン（ここではマフィンを半分の厚さに切ったもの）を入れ、ふたをして5分ほど温める。途中ひっくり返し（写真）、好みの焼き加減に仕上げる。

温め直したパンで そのまま、チーズトースト

1 > 温め直したパン（土鍋もパンも温かい状態）に、ハムとスライスチーズを½枚ずつのせ、ふたをして、チーズが溶けるまで弱火で蒸し焼きにする。
2 > 粗びき黒こしょう適量、パセリのみじん切り少々をふる。

> > >

焼売や肉まんの温め直しもOK

1 ● 土鍋に蒸し板（または丸網）をおき、蒸し板の下ギリギリまで水を入れる。キャベツを敷いて焼売をのせ、肉まんは下についている紙ごとのせる。
2 ● ふたをして弱めの中火にかけ（写真a）、沸騰したら火を弱めて5～10分蒸す。水がなくなったら土鍋の縁から少しずつ足す（写真b）。
3 ● 食べるときに焼売に練り辛子をのせる。

a　　　b

この本で使った土鍋

この本で使った土鍋はすべて、ひとり鍋にもってこいの小鍋。
汁気が多いものは洋風片手鍋やポトフ鍋など深めのもの、
炊飯には羽釜や織部釜が向いていますが、あとは好みと使い勝手のよさで選んでください。
土楽の土鍋は一つ一つ手作りなので、焼き上がりのサイズに多少差があります。

黒小鍋
直径 18.5cm × 高さ 8.5cm

黒鍋 6寸
直径 19.5cm × 高さ 9cm

黒鍋 6寸
（縄手）
直径 20.5cm × 高さ 9cm

口付黒鍋 7寸
直径 22cm × 高さ 11.5cm

黒深鍋
直径 22.5cm × 高さ 11.5cm

グラタン皿 5寸
（受け皿付）
直径 16cm × 高さ 5cm

グラタン皿 6寸
（受け皿付）
直径 18cm × 高さ 6.5cm

かきとり鍋竹垣紋 6寸
直径 20cm × 高さ 10.5cm

無地鍋 6寸
直径 21cm × 高さ 11.5cm

雲紋鍋
直径 20cm × 高さ 9cm

平目鍋
直径 19cm × 高さ 9cm

鉄刷毛目鍋 6寸
直径 19.5cm × 高さ 12cm

※本書で使用した土鍋は、
炒める、焼くなどができる土鍋です。
メーカーによっては使用できないものもあるので、
お持ちの土鍋が対象かどうか確認の上、
使用上の注意を正しく守って使ってください。

呉須点字鍋
直径 16cm × 高さ 10cm

青土鍋 6寸
直径 20cm × 高さ 10cm

青土鍋 7寸
直径 22.5cm × 高さ 12.5cm

刷毛目丸蓋鍋 6寸
直径 21cm × 高さ 12cm

片手鍋（アメ）
（木ぶた付）
直径 19cm（取手含めず）×
高さ 10cm

片手鍋
（木ぶた付）
直径 19cm（取手含めず）×
高さ 10cm

洋風片手鍋（白）
直径 15.5cm（取手含めず）×
高さ 16cm

ポトフ鍋 5寸
直径 17cm × 高さ 15cm

ポトフ鍋 6寸
直径 20.5cm × 高さ 16.5cm

アメ釉羽釜
（1合炊）（木ぶた付）
直径 13.5cm × 高さ 13.8cm
（木ぶた含めず）

織部釜
（1合炊）（木ぶた付）
直径 13.5cm × 高さ 13.8cm
（木ぶた含めず）

土楽オリジナル 棕櫚鍋敷き
大　直径 21cm
小　直径 17cm

福森道歩　fukumori michiho

陶芸家、料理人。三重県の伊賀・丸柱に江戸時代より続く窯元「土楽」の8代目。短大卒業後、料理研究家のもとで3年、辻調理師専門学校で1年、大徳寺龍光院にて禅寺での生活を1年経験するなど、さまざまな食の在り方を追求。素材の持ち味を生かした料理にファンも多い。

土楽窯　三重県伊賀市丸柱1043
http://www.doraku-gama.com/
※ギャラリーは11:00～17:00（要予約）

ひとり小鍋
食べたいものを、好きな味で、好きなだけ。
自分のための、とびきりおいしい、土鍋のレシピ。

2018年11月 5日　第1刷発行
2019年11月11日　第3刷発行

撮影：竹内章雄
アートディレクション：昭原修三
デザイン：稙田光子
編集：松原京子
プリンティングディレクター：栗原哲朗（図書印刷）

撮影協力：千葉美枝子

著　者　福森道歩
発行者　千石雅仁
発行所　東京書籍株式会社
　　　　東京都北区堀船2-17-1　〒114-8524
　　　　電話　03-5390-7531（営業）
　　　　　　　03-5390-7508（編集）
印刷・製本　図書印刷株式会社

Copyright © 2018 by Michiho Fukumori
All Rights Reserved.
Printed in Japan
ISBN978-4-487-81168-7 C2077

乱丁・落丁の際はお取り替えさせていただきます。
本書の内容を無断で転載することはかたくお断りいたします。